Mój najpiękniejszy sen

My Most Beautiful Dream

Książka dla dzieci w dwóch językach

Pobierz audiobook na:

www.sefa-bilingual.com/mp3

Bezpłatny dostęp za pomocą hasła:

polski: **BDPL2521**

angielski: **BDEN1423**

Cornelia Haas · Ulrich Renz

# Mój najpiękniejszy sen

# My Most Beautiful Dream

Dwujęzyczna książka dla dzieci,

z Audiobook do pobrania

Tłumaczenie:

Joanna Barbara Wallmann (polski)

Sefâ Jesse Konuk Agnew (angielski)

Lulu nie może zasnąć. Wszyscy inni już śnią – rekin, słoń, myszka, smok, kangur, rycerz, małpa, pilot. I lwiątko też. Misiowi także, już prawie oczy się zamykają ...

Misiu, zabierzesz mnie do twojego snu?

Lulu can't fall asleep. Everyone else is dreaming already – the shark, the elephant, the little mouse, the dragon, the kangaroo, the knight, the monkey, the pilot. And the lion cub. Even the bear has trouble keeping his eyes open ...

Hey bear, will you take me along into your dream?

I już jest Lulu w misiowej krainie snu. Miś łowi ryby w jeziorze Tagayumi. A Lulu dziwi się, kto mieszka tam w górze na drzewach?

Gdy sen się kończy, Lulu chce jeszcze więcej przeżyć. Chodź ze mną, odwiedzimy rekina! O czym on śni?

And with that, Lulu finds herself in bear dreamland. The bear catches fish in Lake Tagayumi. And Lulu wonders, who could be living up there in the trees?

When the dream is over, Lulu wants to go on another adventure. Come along, let's visit the shark! What could he be dreaming?

Rekin bawi się z rybami w berka. Nareszcie ma przyjaciół! Nikt nie boi się jego ostrych zębów.

Gdy sen się kończy, Lulu chce jeszcze więcej przeżyć. Chodź ze mną, odwiedzimy słonia! O czym on śni?

The shark plays tag with the fish. Finally he's got some friends! Nobody's afraid of his sharp teeth.

When the dream is over, Lulu wants to go on another adventure. Come along, let's visit the elephant! What could he be dreaming?

Słoń jest lekki jak piórko i umie latać! Zaraz wyląduje na niebiańskiej łące.
Gdy sen się kończy, Lulu chce jeszcze więcej przeżyć. Chodź ze mną,
odwiedzimy myszkę! O czym ona śni?

The elephant is as light as a feather and can fly! He's about to land on the celestial meadow.

When the dream is over, Lulu wants to go on another adventure. Come along, let's visit the little mouse! What could she be dreaming?

Myszka przypatruje się wesołemu miasteczku. Najbardziej podoba jej się kolejka górska.

Gdy sen się kończy, Lulu chce jeszcze więcej przeżyć. Chodź ze mną, odwiedzimy smoka! O czym on śni?

The little mouse watches the fair. She likes the roller coaster best.
When the dream is over, Lulu wants to go on another adventure. Come
along, let's visit the dragon! What could she be dreaming?

Smok jest spragniony od ziania ogniem. Najchętniej wypiłby całe jezioro lemoniady.

Gdy sen się kończy, Lulu chce jeszcze więcej przeżyć. Chodź ze mną, odwiedzimy kangura! O czym on śni?

The dragon is thirsty from spitting fire. She'd like to drink up the whole lemonade lake.

When the dream is over, Lulu wants to go on another adventure. Come along, let's visit the kangaroo! What could she be dreaming?

Kangur skacze po fabryce słodyczy i napycha swoją torbę do pełna. Jeszcze więcej tych niebieskich cukierków! I jeszcze więcej lizaków! I czekolady! Gdy sen się kończy, Lulu chce jeszcze więcej przeżyć. Chodź ze mną, odwiedzimy rycerza! O czym on śni?

The kangaroo jumps around the candy factory and fills her pouch. Even more of the blue sweets! And more lollipops! And chocolate!

When the dream is over, Lulu wants to go on another adventure. Come along, let's visit the knight! What could he be dreaming?

Rycerz i jego księżniczka toczą bitwę na torty. Och! Tort śmietankowy nie trafił do celu!

Gdy sen się kończy, Lulu chce jeszcze więcej przeżyć. Chodź ze mną, odwiedzimy małpę! O czym ona śni?

The knight is having a cake fight with his dream princess. Oops! The whipped cream cake has gone the wrong way!

When the dream is over, Lulu wants to go on another adventure. Come along, let's visit the monkey! What could he be dreaming?

Nareszcie spadł śnieg w krainie małp!  Cała zgraja małp jest całkiem poza
sobą i urządza przedstawienie.

Gdy sen się kończy, Lulu chce jeszcze więcej przeżyć. Chodź ze mną,
odwiedzimy pilota! W jakim śnie on wylądował?

Snow has finally fallen in Monkeyland. The whole barrel of monkeys is beside itself and getting up to monkey business.

When the dream is over, Lulu wants to go on another adventure. Come along, let's visit the pilot! In which dream could he have landed?

Pilot lata i lata. Aż na koniec świata i jeszcze dalej, aż do gwiazd. To, nie udało się jeszcze żadnemu innemu pilotowi.

Gdy sen się kończy, wszyscy są już bardzo zmęczeni i nie chce im się nic więcej przeżyć. Ale chcą jeszcze odwiedzić lwiątko. O czym ono śni?

The pilot flies on and on. To the ends of the earth, and even farther, right on up to the stars. No other pilot has ever managed that.

When the dream is over, everybody is very tired and doesn't feel like going on many adventures anymore. But they'd still like to visit the lion cub.

What could she be dreaming?

Lwiątko tęskni za domem i chce wrócić do ciepłego, przytulnego łóżka.

I inni też.

I wtedy zaczyna się ...

The lion cub is homesick and wants to go back to the warm, cozy bed.
And so do the others.

And thus begins ...

... najpiękniejszy sen Lulu.

... Lulu's
most beautiful dream.

Foto: Ingrid Hagenreich

Cornelia Haas urodziła się w 1972 roku w Augsburgu (Niemcy). Studiowała Design na Politechnice w Münster. Od 2001 roku zajmuje się ilustrowaniem książek dla dzieci i młodzieży. Od 2013 roku wykłada malarstwo akrylowe i cyfrowe na Fachhochschule Münster.

Cornelia Haas was born near Augsburg, Germany, in 1972. After completing her apprenticeship as a sign and light advertising manufacturer, she studied design at the Münster University of Applied Sciences and graduated with a degree in design. Since 2001 she has been illustrating childrens' and adolescents' books, since 2013 she has been teaching acrylic and digital painting at the Münster University of Applied Sciences.

**www.cornelia-haas.de**

# Lubisz malować?

Tutaj znajdziesz wszystkie ilustracje z książki do kolorowania:

## www.sefa-bilingual.com/coloring

# Miłej zabawy!

# Drogi czytelniku,

Bardzo się cieszę, że odkryłeś moją książkę! Jeśli Ci się to podobało (a szczególnie Twojemu dziecku), powiedz o tym znajomym za pośrednictwem Facebooka-Like'a lub e-mailem:

**www.sefa-bilingual.com/like**

Byłbym również bardzo zadowolony z komentarza lub recenzji. Like i komentarze to pieszczoty dla autorów, dziękuję bardzo!

Bądź cierpliwy, jeśli nie ma jeszcze audiobooka w Twoim języku! Pracujemy nad tym, aby wszystkie języki były dostępne jako audiobooki. O statusie pracy można się dowiedzieć na naszej stronie internetowej w zakładce „Skrzynka językowa":

**www.sefa-bilingual.com/languages**

Ale teraz chcę się przedstawić: Urodziłem się w Stuttgarcie w 1960 roku, razem z moim bratem bliźniakiem Herbertem (który również został pisarzem). Studiowałem literaturę francuską i kilka języków w Paryżu, następnie medycynę w Lubece. Ale moja kariera lekarza była krótkotrwała, bo wkrótce zaczęły się zabawy: najpierw książki medyczne, które nadzorowałem jako redaktor i wydawca, później literatura faktu i książki dla dzieci.

Mieszkam z żoną Kirsten w Lubece na północy Niemiec, razem mamy trójkę (obecnie dorosłych) dzieci, psa, dwa koty i małe wydawnictwo: Sefa Verlag.

Jeśli chcesz dowiedzieć się więcej o mnie, możesz odwiedzić moją stronę internetową i skontaktować się ze mną: **www.ulrichrenz.de**

**Z wyrazami szacunku,**

**Ulrich Renz**

# Lulu raccomanda anche

**Śpij dobrze, mały wilku**

Dla dzieci od 2 lat

z Audiobook do pobrania

Tim nie może zasnąć. Zaginął jego mały wilk. Być może zostawił go na zewnątrz?
Tim wyrusza samotnie w noc – i niespodziewanie napotyka przyjaciół...

**Dostępne w twoim języku?**

▶ Zapoznaj się z naszym „magicznym językowym kapeluszem":

**www.sefa-bilingual.com/languages**

Ulrich Renz · Marc Robitzky

# Dzikie łabędzie
# The Wild Swans

Adaptacja baśni

**Hansa Christiana Andersena**

polski     Dwujęzyczna     angielski

+ audio

sefa

**Dzikie łabędzie**

Adaptacja baśńi Hansa Christiana Andersena

Dla dzieci od 4 lat

z Audiobook do pobrania

„Dzikie łabędzie" Hansa Christiana Andersena są nie bez powodu jedną z najczęściej czytanych bajek na świecie. W swojej ponadczasowej formie poruszają temat naszych ludzkich dramatów: strachu, odwagi, miłości, zdrady, rozstań i powrotów.

**Dostępne w twoim języku?**

▶ Zapoznaj się z naszym „magicznym językowym kapeluszem":

**www.sefa-bilingual.com/languages**

# More of me ...

# Bo & Friends

► Children's detective series in three volumes.  Reading age: 9+

► German Edition: „Motte & Co"  ► www.motte-und-co.de

► Download the series' first volume, „Bo and the Blackmailers" for free!

# www.bo-and-friends.com/free

© 2020 by Sefa Verlag Kirsten Bödeker, Lübeck, Germany

www.sefa-verlag.de

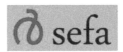

IT: Paul Bödeker, Freiburg, Germany

ISBN: 9783739964966

Version: 20190101

**www.sefa-bilingual.com**

CPSIA information can be obtained
at www.ICGtesting.com
Printed in the USA
BVHW021202170622
639961BV00027B/936